AF340457

L'ÉQUILIBRE UNIVERSEL

PAR LA

RÉVOLUTION FINANCIÈRE

CORBEIL, typ. et stér. de CRÉTÉ FILS.

L'ÉQUILIBRE UNIVERSEL

PAR LA

RÉVOLUTION FINANCIÈRE

PAR

CLÉMENT FAVAREL

Notaire a Cordes (Tarn)

> Des réformes toujours; des utopies jamais.
> P. J. PROUDHON (*Théorie de l'impôt*).

PARIS

GUILLAUMIN ET Cⁱᵉ, LIBRAIRES

Éditeurs du Journal des Économistes, de la Collection des principaux Économistes,
du Dictionnaire de l'Économie politique,
du Dictionnaire universel du Commerce et de la Navigation, etc.

14, RUE RICHELIEU

—

1871

A LA FRANCE

AUX REPRÉSENTANTS DU PEUPLE FRANÇAIS.

Auteur de la lettre portant pour titre : « La paix c'est la guerre, » j'ai indiqué à mon pays le moyen d'obtenir la véritable paix.

Dans l'ardeur de la lutte, dans sa rage contre son ennemi et son spoliateur, il ne m'a pas compris, il ne m'a pas entendu.

Aujourd'hui je lui indique la solution tant cherchée du problème de la péréquation de l'impôt, conjurant ainsi tous les dangers de sa situation financière.

J'espère qu'il m'écoutera et me comprendra mieux.

Il y va de son bonheur ! Il y va de son salut !

INTRODUCTION.

Le problème le plus terrible que la France ait à résoudre en ce moment, celui qui est l'objet des préoccupations, des anxiétés les plus grandes, les plus légitimes, c'est incontestablement celui qui résulte de notre situation financière et de notre système d'impôt.

Chacun se demande, en effet, comment, après nos désastres, il nous sera possible de parer aux nécessités toujours plus grandes de l'État, alors qu'au temps de notre prospérité le livre de la dette publique est resté constamment ouvert, alors que l'Empire a été obligé d'emprunter plus d'un million de francs par jour.

Déjà, lors des fameux rapports financiers de M. Fould, tel que celui de 1862, où l'accroissement incessant du déficit était officiellement reconnu et constaté, on se demandait avec effroi combien de temps cela pourrait durer, on prévoyait, pour une époque plus ou moins rapprochée, un effrayant cataclysme financier qui devait anéantir la fortune privée comme la fortune publique, tarir les sources du travail et de l'industrie et par suite amener la décomposition du corps social tout entier.

Le vote de nouveaux impôts, les surtaxes d'impôts anciens ne pouvaient être et n'étaient en effet qu'un palliatif impuissant.

Les mesures proposées par M. Fould et adoptées alors par le Corps législatif, pour empêcher l'accroissement perpétuel de la dette flottante, n'ont rien empêché du tout. Malgré les surtaxes, malgré les nouveaux impôts, les dépenses de l'État augmentant encore plus vite que ses recettes, la dette publique flottante ou consolidée n'a cessé de croître. Le service des intérêts, comme un cancer insatiable, absorbait toutes les ressources et menaçait, faute d'aliments, d'atteindre le cœur même de la nation.

Combien cette situation qui paraissait désespérée même sous l'Empire, n'est-elle pas devenue plus grave à la suite des funestes événements qui viennent de s'accomplir et de la paix que la France vient d'acheter si cher !

Si l'on ne parvient pas à couper le mal dans sa

racine, si la société ne sort pas de l'ornière financière dans laquelle elle est embourbée, elle est perdue à courte échéance.

Au moment de la révolution de 1789, la France s'était trouvée dans une situation financière qui avait quelque analogie avec la situation présente.

Comme aujourd'hui, on se trouvait en présence d'un déficit énorme qu'il fallait combler ; comme aujourd'hui, on se demandait comment on se tirerait d'affaire ; la situation était désespérée, il fallait aviser de suite, coûte que coûte ; les États généraux furent convoqués, on prit une résolution énergique, on supprima les priviléges, les immunités, dont jouissaient abusivement depuis des siècles la noblesse et le clergé, et la crise financière fut en partie conjurée.

Nos pères comprirent que le déficit provenait surtout de l'iniquité dans la répartition de l'impôt, qui existait au profit des classes privilégiées, et que le salut ne pouvait venir que de l'abolition des priviléges. Aussi dans la nuit du 4 août 1789, date glorieuse pour l'humanité, car elle marque le plus grand triomphe que les principes de justice et d'équité aient jamais remporté parmi les hommes, dans la nuit du 4 août, dis-je, on vit les privilégiés eux-mêmes faire l'abandon volontaire des immunités dont ils avaient profité jusque-là.

Le déficit actuel a une cause identique à celle qui avait amené celui dont nos pères ont souffert.

C'est toujours l'iniquité dans la répartition des charges, qui produit le mal. C'est le retour à la justice, à l'équité, qui sera le remède ; mais ce retour à l'équité, aujourd'hui qu'il n'y a plus de classes privilégiées, en menaçant tous les citoyens de voir changer leur condition d'existence, est redouté plus qu'on ne pourrait le croire, et la plupart sont convaincus que le remède serait pire que le mal. Eh bien ! non.

On peut, *sans rien changer à l'état actuel de la société*, c'est-à-dire à la situation des familles, du commerce, de l'industrie, sans ruiner ni enrichir personne, opérer une réforme qui permette à l'État de ne plus emprunter, de suffire à tous ses besoins et de diminuer même dans une proportion énorme, malgré la situation terrible dans laquelle nous nous trouvons, les charges accablantes qui résultent des impôts actuels par la suppression complète de tous ceux qui sont iniques.

Aussi suis-je assuré que cette réforme sera accueillie par tous comme un immense bienfait, car jamais réforme n'a été plus utile, plus indispensable.

La Fable nous apprend que lorsqu'un voyageur s'est engagé dans un certain défilé, il ne peut plus reculer et finit par rencontrer un monstre qui lui propose un problème à résoudre et le dévore impitoyablement, s'il n'en trouve pas de suite la solution.

La société est aujourd'hui en face du monstre.

Il a posé cette question redoutable : Comment combler le déficit ? comment même l'empêcher de croître ? Ce livre est la réponse. Nous espérons la rendre claire et satisfaisante.

L'ÉQUILIBRE UNIVERSEL

PAR LA

RÉVOLUTION FINANCIÈRE

PRINCIPES GÉNÉRAUX.

> Des réformes toujours ;
> Des utopies jamais.
> P. J. PROUDHON (*Théorie de l'impôt*).

L'impôt est la quote-part à payer par chaque citoyen pour la dépense des services publics. Cette quote-part doit être payée par chacun selon ses facultés.

Tel est le principe qui, depuis 1789, est universellement admis et accepté, mais ce principe n'est admis et accepté qu'en théorie, car on n'a pas su le faire passer dans la pratique. Tous les économistes avouent qu'il n'est pas appliqué. Ils disent : L'État voudrait bien atteindre la fortune dans les mains de celui qui la possède, mais il ne peut y parvenir par suite de lois ou phénomènes économiques qu'il lui est impossible de détruire; ainsi :

1° Tout impôt sur le capital produit une diminution de capital, et par conséquent une diminution de la fortune et des revenus publics, épuisant ainsi la source même de l'impôt.

2° Le bien-être de tous ne pouvant être que le résultat de l'épargne de chacun, tous les impôts qui atteignent l'épargne *grosse* ou *petite*, soit en détruisant le capital, soit en l'empêchant de se former, ont pour résultat inévitable de produire la misère.

3° Les impôts sur le revenu sont payés par l'emprunteur qui en fait retomber la plus grosse partie sur le consommateur.

4° Les valeurs échappent à l'impôt, puisque dans les transactions on en tient compte, et qu'aucune loi ne pourra jamais empêcher que le revenu ou intérêt ne soit proportionné aux avantages ou aux risques et charges du placement.

Tout cela est incontestable, et, dans l'état actuel des choses, il est impossible qu'il en soit autrement. Jusqu'ici les efforts des économistes se sont bornés à chercher les moyens de pallier l'iniquité qui résulte pour les non-propriétaires de l'existence des phénomènes qui viennent d'être indiqués, mais tous ont déclaré que la justice absolue dans l'impôt était une utopie. Nous espérons prouver que cette utopie peut devenir une réalité.

De tous ceux qui ont cherché à établir la justice dans l'impôt en frappant la fortune là où elle se trouve, un seul a entrevu le moyen d'y parvenir.

C'est P. J. Proudhon, lorsque, dans son ouvrage de la *Théorie de l'impôt*, il a émis l'idée de la création d'une Banque nationale.

« Ce n'est pas dans son argent, dit-il, ce n'est pas
« dans sa caisse que le fisc doit atteindre le capi-
« taliste ; c'est dans son commerce, dans ses tran-
« sactions ; et de quelle manière ? En taxant la
« circulation, le prêt, la commandite ? En impo-
« sant au capitaliste une patente ?..... Non. En
« prenant au-dessus de lui la direction du crédit
« public.

« La Banque nationale, avec un capital composé
« du numéraire recouvré sur le public après émission
« de ses propres billets, faisant l'escompte des effets
« de commerce au taux de 3, 2, 1 pour 100, 1/2
« pour 100 même, à volonté ; l'État ayant payé ou
« remboursant sa dette, s'abstenant désormais d'em-
« prunt, les capitaux disponibles se trouvent re-
« foulés par cette haute concurrence vers les entre-
« prises industrielles et agricoles, obligés de s'offrir
« à prix réduit, et conséquemment de rendre sous
« une autre forme, à la propriété, ce que l'impôt a

« prélevé sur la rente. Rappelons-nous ce que nous
« avons dit tant de fois, que dans la circulation éco-
« nomique, les transactions sont engrenées les unes
« dans les autres, et qu'un des effets de cet engre-
« nage, le plus terrible de tous, est de rejeter sans
« cesse sur la masse des consommateurs ce que le
« fisc semble n'avoir demandé qu'à la terre, à la
« maison, à l'appartement, etc. C'est un résultat
« analogue, mais en sens inverse, qu'il s'agit main-
« tenant de déterminer. Au lieu de prendre à la
« masse, l'État, par son organisation du crédit,
« rendra à la masse. Lequel donc vaut le mieux pour
« le pays d'imposer, comme le propose M. de Girar-
« din, au profit du gouvernement, 1 ou 2 pour 1000
« sur les capitaux mobiliers, sur les métalliques,
« ou d'amener par une bonne organisation du cré-
« dit les capitalistes à baisser d'autant leur intérêt ?
« Dans le premier cas, l'impôt perçu est rejeté par
« le capitaliste sur le débiteur hypothécaire, puis
« par celui-ci sur la masse et consommé improduc-
« tivement par l'État ; dans le second, c'est le capi-
« tal qui de lui-même s'offre avec réduction de
« 1, 2, etc., pour 100 d'intérêt, au profit de l'en-
« trepreneur-propriétaire qui consomme cette re-
« mise reproductivement. N'est-ce pas comme si
« l'État, après avoir frappé par l'impôt la rente fon-
« cière, dégrevait d'autant, par la Banque, la pro-

« priété, comme s'il lui créait un équivalent de
« rente sur les capitaux d'emprunt ? »

Par l'application du système qu'on vient de lire,
Proudhon atteint incontestablement les capitalistes
dans leur revenu ; mais comme il peut les atteindre
aussi dans leur capital, qu'il annihilerait même si
l'on en arrivait comme il le veut à la quasi-gratuité
du crédit, tout le monde a senti le danger de l'application de ce système.

La Banque de Proudhon manque d'un régulateur
exact, parce que l'intérêt y est fixé arbitrairement par
les gouvernants.

Aussi Proudhon lui-même ne comptait-il pas sur
l'efficacité ou l'équité complète de son système, et
prétendait-il, comme les autres économistes, qu'il
était impossible de résoudre le problème de l'équilibre absolu de l'impôt.

Préoccupé de la monstrueuse iniquité qui résulte
des intérêts de la dette de l'État, qui sont touchés
par les débiteurs eux-mêmes de cette dette, il avait
voulu provoquer au moins leur diminution par la
création d'une Banque fonctionnant au profit de
l'État et faisant concurrence aux capitalistes.

Il disait que cette Banque pourrait réduire son
escompte aux simples frais d'administration, jusqu'à 1/4, 1/8 pour 100, et en cela il méconnaissait
les principes d'équité, il favorisait l'usure en sens

inverse, c'est-à-dire l'usure au profit de l'emprunteur, comme nous l'établirons plus tard.

D'un autre côté, conséquent avec son système, mais également injuste, il voulait que l'État prît à titre d'impôt la plus grande partie de la rente foncière, disant que cette rente pourrait être absorbée même en entier par le fisc, si ses besoins l'exigeaient.

Aussi, quoique le système de Proudhon ait été jugé le meilleur de tous ceux qui ont été présentés aux juges du concours ouvert en 1860 par le canton de Vaud, sur la difficile question de l'impôt, et qu'il ait remporté le prix de ce concours, personne n'a songé à en faire l'application.

Ce système ne faisait que remplacer une iniquité par une iniquité moins grande. Or, ce que le peuple réclame, c'est l'équité, la vérité complète. Quand on sera parvenu à la découvrir, à la démontrer, elle s'imposera d'elle-même et sans efforts.

POSONS DES PRINCIPES.

C'est là que nous trouverons le régulateur qui manque au système de Proudhon.

Premier principe.

L'équité ne peut exister dans l'impôt que si elle se trouve dans la société, c'est-à-dire dans les transactions entre particuliers, car l'iniquité de l'impôt ne peut provenir que du défaut d'équilibre entre les diverses natures de propriété, dont les unes bénéficient aux dépens des autres (1).

Deuxième principe.

La fonction de l'État est de faire l'équité, car c'est par l'équité que la propriété existe, et par conséquent de faire l'équilibre entre les divers propriétaires.

Troisième principe.

L'équilibre entre les propriétaires ne peut être obtenu que par la suppression de l'*usure*.

Arrêtons-nous pour définir l'usure, car cette définition nous indiquera ce qu'il y a à faire pour l'empêcher. — Qu'est-ce que l'*usure* ? C'est l'iniquité dans la répartition des produits, *rente ou intérêt* de ce qu'on nomme propriété ou capital.

(1) On peut considérer comme un impôt toutes les sommes *payées* ou *retenues* usurairement entre particuliers, car l'usure produit à l'égard de celui qui en est la victime, ainsi qu'à l'égard de la masse des citoyens, exactement le même effet que l'impôt.

Qu'est-ce que l'*intérêt* ou *rente?* C'est le contraire de l'usure. C'est la répartition équitable des produits de la propriété ou capital, et par conséquent l'équivalent que le débiteur doit au créancier de la rente ou intérêt de la propriété ou capital qu'il a pu acquérir ou conserver au moyen du prêt.

Exemple. — J'achète une propriété, dont je paye la moitié du prix seulement. L'intérêt ou rente, c'est-à-dire le revenu net de cette propriété, devra être réparti, moitié pour l'ancien propriétaire ou le bailleur de fonds qui peut le remplacer, et moitié pour moi. En effet, si j'avais acquis deux propriétés au lieu d'une, et que j'eusse payé le prix de la première, sans rien payer du prix de la seconde, il est clair que le produit de l'une m'appartiendrait en entier, tandis que celui de l'autre ne m'appartiendrait pas, puisque je n'aurais rien donné en échange; or, la proportion ne doit pas changer parce que j'ai acquis une seule propriété au lieu de deux. Donc si je paye au créancier un intérêt qui dépasse la moitié du produit de la propriété, je payerai plus que je ne dois; s'il ne l'atteint pas, au contraire, je garderai plus qu'il ne m'appartient; dans le premier cas il y aura *usure à mon préjudice;* dans le second, *usure à mon profit.*

Quatrième principe.

Pour remplir le devoir qui lui incombe d'empêcher l'usure, l'État doit respecter et garantir la liberté complète des transactions.

Il est incontestable que dans le passé l'État a eu
conscience du devoir qui lui incombe de faire l'é-
quité entre les propriétaires en empêchant l'usure.
La loi sur le taux légal de l'intérêt, le décret qui a
suspendu pendant la durée de la guerre les expro-
priations et l'exécution des jugements de commerce,
en sont la preuve évidente ; mais qui ne comprend
que ces mesures ne peuvent ni empêcher l'augmentation du taux de l'intérêt à mesure que les revenus
publics diminuent, ni empêcher l'abaissement du
prix de la propriété, lorsque le taux de l'intérêt augmente, que par conséquent elles ne produisent pas
la justice et ont souvent un résultat contraire ?

Cinquième principe.

L'État n'entravera pas la liberté des transactions
en prenant la direction du crédit et en livrant le capital à un taux d'intérêt qui soit la représentation
exacte du produit de la propriété, que l'emprunteur
pourra acquérir ou conserver au moyen du prêt,
car l'État établira ainsi, loin de le violer, l'équilibre
entre les propriétaires.

L'*usure*, que l'Église a condamnée sans la définir et qu'elle a ainsi protégée sans le savoir, est le vice le plus effrayant de tous ceux qui affligent le corps social, l'obstacle le plus grand au bien-être et à la moralité des sociétés et par suite à leur tranquillité :

1° Parce qu'elle est un puissant obstacle au travail, en dérangeant l'équilibre entre les forces et les situations relatives des divers producteurs et en empêchant le travailleur de recevoir tout son salaire.

2° Parce qu'elle a pour effet d'absorber la plus grande partie du capital créé par l'augmentation des revenus.

On a dit, en effet, que la plus grande partie des sommes qui sont versées à l'État à titre d'impôt, se transformerait en capital si elles étaient laissées entre les mains des propriétaires ; cela est juste, mais ce qui est encore plus vrai, c'est que tous les intérêts usuraires seraient restés capital ou seraient devenus du capital.

3° Parce qu'elle favorise la paresse et le parasitisme en permettant aux non-producteurs de dépenser beaucoup sans diminuer ni leur capital ni leur revenu, et d'entretenir par là des vices hideux qui, en soulevant la conscience publique, sont le plus grand péril pour la tranquillité des États.

Sixième principe.

La gratuité du crédit, lorsqu'elle a lieu au profit exclusif de l'État, ne rompt pas l'équilibre entre les divers propriétaires, et par conséquent ne produit pas l'usure. L'intérêt payé par l'État constitue au contraire l'usure la plus monstrueuse, puisque, par suite du PHÉNOMÈNE DE LA DIFFUSION DES PRODUITS ENTRE TOUS LES PROPRIÉTAIRES, il est servi aux *débiteurs* du capital et non aux *créanciers*.

Septième principe.

La dette de l'État et les charges de l'État, qu'elles aient pour cause une augmentation de la propriété ou une diminution de cette propriété, doivent être supportées exclusivement par les propriétaires.

En effet, si les dépenses de l'État ont eu lieu pour l'amélioration ou la conservation de la propriété, les propriétaires doivent seuls les payer, comme en ayant seuls profité, nul ne devant s'enrichir aux dépens d'autrui.

Si au contraire elles sont le résultat d'un malheur public, comme l'indemnité de guerre, ils doivent de même les payer seuls parce que la propriété ne peut périr que pour le propriétaire : *Res perit domino*.

En d'autres termes, la dette et les dépenses de

l'État font partie du *patrimoine du travail* et doivent être une charge exclusive de la propriété.

Le patrimoine du travail, c'est la monnaie et les titres en circulation, l'argent et le crédit.

En effet, la monnaie est la représentation d'un travail antérieur, les titres d'emprunt sont l'équivalent d'un travail nouveau, qui n'est pas payé au moyen d'un travail antérieur, mais par la création d'un signe qui certifie l'existence de ce travail.

Au point de vue de l'équité, il n'y a pas d'inconvénient à ce qu'un particulier ne paye pas de suite ses dépenses et emprunte, car on sait qu'il sera obligé de payer lui-même plus tard.

Le payement des dépenses de l'État doit au contraire être fait toujours de suite, sous peine de l'être par ceux qui n'ont pas profité de ces dépenses, par conséquent par ceux qui ne doivent pas. Ainsi les dettes de l'État, qui représentent un service rendu aux détenteurs de la fortune publique, retombent en entier sur le travailleur au profit de ces mêmes détenteurs de la fortune publique. En effet, si dans le passé il eût existé une monnaie spéciale pour rémunérer les services publics, cette monnaie aurait créé des capitaux qui auraient augmenté la fortune publique et produit l'abaissement du taux de l'intérêt au profit des travailleurs et au détriment des propriétaires ou capitalistes, tandis que par la consolidation du déficit, le même intérêt augmente au profit de ces mêmes propriétaires ou capitalistes et au détriment des travailleurs.

Parce que des hommes ont travaillé pour le compte de la nation, et par conséquent de la fortune publique, c'est-à-dire des capitalistes, et que la nation n'a pas exigé par l'impôt que chacun de ces derniers paye de suite sa part proportionnelle de ce travail, il faut que d'autres hommes travaillent gratuitement à perpétuité pour ces mêmes capitalistes. Quelle monstrueuse iniquité !!!

Qu'on fasse donc le contraire de ce qu'on a fait jusqu'à ce jour, qu'on crée des rentes à l'État à mesure que ses charges augmentent, au lieu de créer des rentes aux propriétaires.

Huitième principe.

Le patrimoine du travail formé du capital de la dette et des charges nationales doit prendre sa part dans la distribution des produits de la propriété. Ce qui arrivera, si l'État fait des prêts moyennant constitution de rente en sa faveur, car ces rentes, par suite du PHÉNOMÈNE DE LA DIFFUSION DES PRODUITS ENTRE TOUS LES PROPRIÉTAIRES, seront perçues par l'État au détriment exclusif des autres propriétaires.

Expliquons en peu de mots le phénomène incontestable de la diffusion des produits, qui résulte du mouvement économique :

Par l'effet des transactions, les valeurs changent perpétuellement de mains.

Chacun fait de sa fortune l'emploi qui lui paraît le plus avantageux.

Tel possède aujourd'hui une propriété immobilière, qui demain achètera des rentes sur l'État, plus tard vendra les rentes pour faire des placements sur particuliers, devenir commanditaire d'une industrie, ou répartir sa fortune entre ces diverses natures de placement.

Mais quel que soit le parti auquel le propriétaire ou le capitaliste s'arrête, il perçoit toujours des revenus proportionnés au montant de sa fortune, et comme les risques ou les avantages des diverses valeurs en déterminent le cours, la vérité économique est que les revenus de tous les placements sont équivalents, malgré des différences énormes dans leur produit apparent.

Ainsi la propriété immobilière est le placement qui donne le revenu le plus faible; mais comme c'est celui dont le capital s'accroît le plus vite par l'augmentation du revenu net qui peut résulter des améliorations faites ou simplement possibles, on conçoit que l'on fasse entrer dans le produit réel de la propriété cette augmentation constante de sa valeur.

Certaines actions industrielles ou financières donnent aussi quelquefois des dividendes très-faibles, parce que, ces dividendes augmentant chaque année, la valeur des actions augmente en même temps et qu'il faut ajouter au dividende distribué la plus-value du capital pour en avoir le produit réel.

Le capitaliste fait pour les placements ce que l'entrepreneur fait pour les ouvriers : il les paye un prix proportionné aux bénéfices qu'il espère en retirer.

De même que tel ouvrier payé 1 franc par jour ne donnera pas plus de bénéfice au patron que tel ouvrier payé 1 franc par heure, de même telle valeur rapportant 10 pour 100 n'enrichira pas plus le propriétaire que telle autre rapportant 1 pour 100 seulement.

Nous avons dit que les intérêts payés par l'État par suite du phénomène de la diffusion des produits entre tous les propriétaires, étaient perçus par ces derniers, le taux de l'intérêt augmentant à la fois pour toutes les valeurs, lorsque l'État emprunte.

Ce fait, quoique évident, paraît au premier abord impossible, contradictoire, et il l'est en effet, puisque les propriétaires souffrent eux-mêmes de cette augmentation du taux de l'intérêt. Les intérêts payés par l'État l'étant nécessairement au moyen des produits de la propriété, ne peuvent pas être une augmentation de ces mêmes produits et en sont plutôt une diminution, puisque, pour faire face à des nécessités plus grandes, l'État doit en faire par l'impôt un prélèvement plus considérable.

En effet, par suite de l'augmentation des charges publiques, les produits n'augmentent pas, la main-d'œuvre, c'est-à-dire la part du travail, ne diminue pas; le contraire serait plus vrai : comment donc se fait-il que le taux de l'intérêt puisse augmenter?

Le phénomène s'explique aisément, si l'on considère qu'à mesure que le taux de l'intérêt augmente, la valeur de la propriété diminue.

Ainsi, les immeubles, les usines, les fonds de commerce, les valeurs de toute sorte, subissent, par le seul fait de l'augmentation du taux de l'intérêt, une dépréciation qui ne change rien à leur produit, mais qui change leur prix.

Ainsi, avant nos désastres, une propriété qui valait 300,000 fr. et qui donnait un revenu net de 7,500 fr., et par conséquent de 2 1/2 p. 100, donnera aujourd'hui 5 p. 100, parce que sa valeur aura diminué de moitié.

Quelle usure au profit de ceux qu'on appelait, au dernier siècle, les agioteurs!

Nous dirons avec plus de vérité quelle dépréciation, quelle perte sans profit pour personne, car les agioteurs, les usuriers, ne peuvent point échapper à la loi commune; l'emploi qu'ils font de leurs capitaux est sujet à des risques d'autant plus grands que les temps sont moins prospères.

Le résultat le plus funeste des crises financières, c'est précisément cette perte du capital qui cause la ruine des débiteurs sans grand profit pour les créanciers.

Supposons un acquéreur de la propriété dont nous avons parlé : il l'avait acquise avant la guerre au prix de 300,000 fr., il avait payé 200,000 fr., il n'en devait donc que le tiers; si, aujourd'hui, par suite de l'augmentation du taux de l'intérêt, la propriété ne vaut plus que 150,000 fr., il en doit les deux tiers.

Ce n'est pas tout, il avait compté faire, sur cette propriété, une dépense de 50,000 fr. qui devait augmenter son revenu net de 2,000 fr. et, par conséquent, la valeur du fonds de 80,000 fr., lui laissant un boni de 30,000 fr.

Aujourd'hui, cette dépense le constituerait en perte de 10,000 fr., l'augmentation de valeur ne devant plus être que de 40,000 fr.

Il ne fera donc pas l'amélioration projetée, et la

société perdra les 2,000 fr. d'augmentation de produit.

Ce funeste résultat, que la société n'a pas pu conjurer jusqu'ici, le sera sûrement par la révolution financière que je propose. Heureuse révolution qui, loin de causer des ruines, enrichira tout le monde.

En effet, la création de la Banque nationale aura pour résultat inévitable de faire baisser le taux de l'intérêt. Or, ce que les propriétaires perdent sur le taux de l'intérêt est gagné par eux en augmentation de capital, nous venons de le voir, tandis que ce qu'ils gagnent sur le taux de l'intérêt est perdu par eux en diminution de ce même capital.

Le capital créé par l'augmentation des revenus n'étant plus absorbé par l'usure, c'est le travail, c'est l'industrie, l'industrie agricole surtout, prenant un essor inconnu jusqu'à ce jour, c'est la prospérité engendrant une prospérité plus grande!

Tant il est vrai que l'application des principes de justice, d'équité, ne peut amener qu'une augmentation de bien-être pour les favorisés comme pour les déshérités de la fortune.

Neuvième principe.

Afin d'empêcher l'usure et de ne pas la pratiquer

lui-même, l'État doit faire ses prêts et en recevoir le remboursement au cours des fonds publics.

Tels sont les principes dont l'application donnera le résultat tant cherché du problème de la péréquation de l'impôt, et en établissant ainsi la justice dans la propriété, feront plus pour le bonheur de l'humanité et l'avénement de la paix parmi les hommes, que les meilleurs traités de morale.

L'équité dans les institutions amènera prochainement l'honnêteté dans les mœurs.

PROJET DE RÉFORME

Expliquons brièvement comment on doit faire l'application des principes posés dans la première partie de ce travail.

Il faut chercher d'abord le chiffre des charges de l'État:

1° Dette ;

2° Indemnité à l'ennemi ;

3° Indemnité aux nationaux (1).

4° Dépenses publiques représentant des services rendus à la masse (armée, police, routes, instruction, cultes (?), justice criminelle), et non individuel-

(1) La conscience publique réclame que si l'étranger est largement indemnisé des frais de guerre, les nationaux le soient pareillement. Non-seulement cela est juste, mais on sent que c'est le moyen de réparer vite nos désastres. Une forte indemnité livrée de suite en billets de banque aux départements, aux communes et aux particuliers qui ont souffert de l'invasion, sera donc un des résultats les plus utiles et les plus équitables de la révolution financière.

lement aux citoyens (postes, télégraphe, justice privée). Une fois le chiffre de ces charges déterminé, le capitaliser et mettre ce capital en circulation par une émission de billets de banque. Pour cela, créer une Banque nationale qui fera cette émission.

Par quel moyen? Par l'intermédiaire des succursales qui seront établies dans chaque canton, et seront gérées par une Compagnie de propriétaires.

Les dettes et charges des départements et des communes devront être éteintes de la même façon que les dettes de l'État, en en répartissant le capital entre les départements et les communes.

Voici comment je crois que l'entière opération pourrait être faite sans perturbation ni danger :

La dette de l'État serait répartie par département et par commune; on remettrait le capital de cette dette aux départements et aux communes, qui y ajouteraient celui de leur propre dette, et feraient faire l'émission des titres par une Compagnie locale offrant un capital de garantie suffisant en biens immeubles.

La Banque nationale ferait des prêts moyennant constitution de rentes, au cours de la Bourse de Paris, c'est-à-dire dont le capital serait calculé sur le cours du 3 p. 100. Elle recevrait le remboursement de ses prêts aux mêmes conditions, toujours au cours des fonds publics.

Outre les prêts moyennant constitution de rentes sur la propriété foncière, on conçoit que la Banque nationale pourrait faire des avances sur dépôts de titres. Dans tous les cas l'intérêt devrait être calculé sur le cours du 3 p. 100 ; voici pourquoi : Les immeubles grevés de rente ou les titres remis en nantissement restant à l'emprunteur, ce dernier profite des avantages ou supporte les risques de sa propriété, dont le prix augmente ou diminue pour lui et non pour la Banque. Par conséquent, la Banque doit percevoir l'intérêt des fonds livrés par elle et non les produits de la propriété ou des valeurs engagées.

On conçoit que dès que les opérations de la Banque nationale auraient amené l'émission de tous les titres, la dette de l'État se trouverait complétement amortie, et que l'État recevrait en outre, à titre d'intérêt, une somme qui serait l'équivalent des impôts actuels.

L'ancien état de choses durerait jusqu'à ce que les revenus et les dépenses de l'État seraient équilibrés par le fonctionnement de la Banque nationale, après quoi tous les impôts seraient abolis, en n'exceptant que ceux qui représentent des services rendus à la personne.

La contribution foncière fixée d'après le revenu cadastral et les dernières péréquations devrait être transformée en une rente au profit de la Banque nationale, et être remboursable aux mêmes conditions que les prêts faits par cette Banque.

Si dans l'avenir les opérations de la Banque nationale ne donnaient pas un revenu suffisant à l'État, celui-ci, au lieu d'emprunter, n'aurait qu'à aliéner ses rentes, et, après avoir mangé le fonds avec le revenu, à créer un impôt sur la rente foncière et à remettre à chacun des propriétaires fonciers le capital en billets de la Banque nationale de la rente dont ils seraient grevés.

Or, on conçoit que cette éventualité ne pourrait se réaliser qu'à la suite d'une absence complète de transactions ou d'un gaspillage complet des fonds publics, ce qui ne peut avoir lieu.

Je laisse à ceux qui sont plus versés que moi dans les affaires de banque, de crédit, le soin de rédiger les statuts de la Banque nationale et d'aplanir les petites difficultés d'application ; je me bornerai à dire que les opérations de cette Banque devront être soumises à la publicité la plus étendue et au contrôle le plus sévère.

Ce qui est d'ores et déjà évident pour moi, c'est que la création d'une institution de ce genre et l'existence dans la circulation d'un instrument d'échange ne pouvant subir aucune *dépréciation*, mis à profusion entre les mains des *propriétaires*, pro-

duira, par l'extinction de la dette publique, par la
diminution des charges des débiteurs de la dette
privée, par la suppression de l'usure en un mot,
des résultats immenses, incalculables, pour la prospérité et la moralité publiques.

Si nos nouvelles institutions financières sont
adoptées par les autres nations, leur prospérité ac-
croîtra la nôtre en vertu de la loi de solidarité ; si
au contraire elles ne sont pas adoptées par elles,
la France en profitera seule, même aux dépens de
l'étranger, à qui elle prêtera la plus grande partie
du capital créé ou rendu disponible par la réforme.

Les propriétaires ou capitalistes, qui jusqu'à présent ont craint la liberté, parce qu'en préparant des
réformes ils croyaient que la liberté les menaçait
dans leurs intérêts, seront par suite de la révolution financière les plus intéressés au contraire au
maintien des libertés publiques.

Avec la réforme que je propose, un Gouvernement avec publicité et contrôle est en effet indispensable, la monnaie fiduciaire ne devant être à
l'abri de toute dépréciation, qu'à cette condition.

D'ailleurs, avec la disparition de l'iniquité, le
risque de sédition et de désordre disparaîtra complétement. Les théories égalitaires, qui menacent la
propriété, n'auront plus de sens lorsque l'inégalité
des fortunes ne pourra être pour personne une

cause de souffrance. En effet, avec la péréquation de l'impôt, l'indigent ne souffre pas plus de l'inégalité qui existe entre sa fortune et celle d'un millionnaire, que l'idiot ne souffre de l'inégalité qui existe entre son intelligence et celle d'un Galilée, d'un Newton, que le paralytique ne souffre de la santé d'un bien portant.

L'apaisement des passions politiques sera donc le résultat inévitable de la révolution financière, qui fermera ainsi l'ère des révolutions par l'avénement de la justice sur la terre.

RÉPONSE AUX OBJECTIONS

Première objection.

L'abondance des valeurs fiduciaires n'amènera-t-elle pas la disparition du numéraire métallique ?

Je réponds : L'abondance des valeurs fiduciaires ne peut qu'amener l'accroissement du numéraire. En effet, voyons ce qui se passe aujourd'hui dans la société.

La circulation monétaire se compose : 1° des espèces métalliques monnayées ; 2° de la monnaie fiduciaire ou billets de banque; 3° des timbres-poste, coupons, valeurs échues réalisables de suite en numéraire ; 4° des titres de rente ou obligations.

Ces derniers titres, quoique productifs d'intérêt, ne circulent pas aussi facilement que les autres, parce que leur valeur peut changer et qu'ils n'ont pas cours forcé, mais ils servent tout de même à payer une dette si le créancier veut les prendre, ce qui arrive souvent.

L'abondance des titres, valeurs fiduciaires, coupons, etc., s'est accrue dans ces derniers temps dans une proportion incalculable. Cela a-t-il produit la disparition des métalliques? Non. Le contraire serait plus vrai, l'émission des titres de la Banque nationale ne pourra point amener non plus ce résultat, surtout si elle émet peu de petites coupures.

D'ailleurs, par la force des choses, cette émission fera disparaître, dans un temps très-limité, les titres existant actuellement dans une proportion égale au nombre des titres émis, ceux-ci devant annuler ceux-là.

Deuxième objection.

Ne faut-il pas craindre que l'abondance des billets de la Banque nationale n'amène leur dépréciation, et que, comme c'est arrivé pour les assignats, on ne les refuse au pair malgré le cours forcé?

Je réponds encore hardiment : Non. Le public prend aujourd'hui au pair les billets de la Banque de France, quoique la plus grande partie des Français ignore que ce n'est pas une monnaie que l'État crée avec l'abondance qu'il veut, et que les billets de la Banque de France ont une contre-partie dans le portefeuille de cet établissement.

Or, lorsque le paysan français verra fonctionner dans son canton la Banque nationale, qu'il saura que les billets qu'il a en main ne sont que la représentation des prêts qu'elle a faits, que le remboursement en est garanti non-seulement par l'obligation des emprunteurs, mais encore par la fortune immobilière de riches propriétaires, lorsqu'il verra par conséquent que, non-seulement on ne fabrique pas des billets de banque à volonté, mais qu'encore, quel qu'en soit le nombre, ils seront toujours payés, il les prendra sûrement avec moins d'inquiétude qu'à présent.

Le billet de banque entrant définitivement dans les *mœurs commerciales des campagnes*, c'est l'or, qui se cache actuellement, soit pour éviter de prendre des billets, soit pour éviter l'impôt, rentrant en entier dans la circulation.

C'est la France conservant ainsi le marché financier de l'Europe, qui est pour elle une source si grande de prospérité et de profits.

Troisième objection.

Vos billets de la Banque nationale, par cela seul que vous êtes obligé de décréter leur cours forcé, sont un véritable papier-monnaie. Votre projet n'est donc qu'un cercle vicieux, injuste en lui-même, dangereux dans son application.

Réponse. — Qu'est-ce que le papier-monnaie? C'est un signe monétaire créé par l'État pour rémunérer les services publics, lorsqu'il ne peut pas le faire avec de l'argent monnayé.

Si l'État avait l'habitude de rémunérer les services publics avec du papier-monnaie, la quantité de ce papier s'accroîtrait à l'infini et amènerait sa dépréciation constante; aussi l'État ne peut pas, sans danger pour la fortune publique, employer ce mode de payement, et nous le repoussons complétement; mais l'assimilation qu'on fait du billet de la Banque nationale avec le papier-monnaie n'est pas exacte. En effet, le billet de la Banque nationale, au lieu d'entrer dans la circulation, comme monnaie, sans profit pour cet établissement, y entre comme capital restant à l'État et produisant des intérêts. L'État, dans des circonstances exceptionnelles, peut même se permettre d'entamer ce capital, mais en diminuant ses revenus et par conséquent ses dépenses futures.

Si les billets de la Banque nationale sont un papier-monnaie, que sont ceux de la Banque de France, surtout ceux que l'État lui a empruntés depuis la guerre?

Personne ne blâme leur émission, parce que, dit-on, elle était indispensable.

C'est aussi mon avis, mais il eût mieux valu pouvoir faire autrement. Or, la création de la Banque nationale, loin d'être un mode d'émission constante de papier-monnaie, aura, au contraire, pour résultat certain de l'empêcher à jamais.

Quatrième Objection.

De l'empêcher à jamais, y pensez-vous? me dit-on. Croyez-vous que par la vertu de votre Banque les recettes de l'État, des départements, des communes, seront toujours équilibrées, et que par suite d'une guerre, d'une inondation, d'un incendie, d'un chômage, d'une crise financière quelconque, il n'arrivera pas que l'équilibre soit rompu et l'État obligé d'emprunter, ou, ce qui est pire, de créer de nouveaux billets?

Réponse. — L'État n'aura pas besoin de créer de nouveaux billets, il aliénera une partie de ses rentes, quitte plus tard à les reconstituer par l'épargne.

Il ne créera de nouveaux billets qu'après qu'il aura vendu toutes les rentes, ce qui renvoie cette création à la fin du monde, pourvu que l'État ne soit pas gouverné despotiquement et sans contrôle.

Cinquième objection.

La création de la Banque nationale ne va-t-elle pas diminuer la valeur réelle des capitaux dans une forte proportion, et sa concurrence ne sera-t-elle pas injuste pour les capitalistes?

Je réponds que cette concurrence n'est pas injuste :

1° Parce que le capital initial de la Banque nationale, quoique fictif, n'en est pas moins, comme les autres capitaux la représentation d'un travail antérieur, celui qui a été fait pour le compte de l'État et qui a occasionné sa dette, ou celui qui se fait tous les jours pour les services publics.

2° Parce que la Banque nationale ne prête que jusqu'à concurrence de ce capital.

3° Parce qu'elle ne prête qu'au cours des fonds publics.

Je réponds d'un autre côté que le résultat de cette concurrence sera complétement insensible, après le premier déplacement des capitaux, qui seront remboursés au moyen des fonds prêtés par la Banque nationale.

Or ce premier déplacement, se faisant de suite,

ne fera que rétablir l'équilibre rompu par la guerre entre la valeur des immeubles et la valeur de l'argent. Ce qui ne peut être qu'un bon résultat, puisqu'il est conforme à l'équité.

Sixième objection.

On me fait enfin une première ou dernière objection. Je n'aurais pas voulu en parler parce que je ne me préoccupais que de celles qui pouvaient vicier le principe même de la réforme en la montrant injuste à quelque point de vue qui m'aurait échappé, mais il faut bien que je la détruise, puisqu'on me la fait tôt ou tard et qu'on paraît y attacher beaucoup d'importance.

Les principes sur lesquels repose votre Banque nationale, me dit-on, sont incontestables, l'application que vous en faites produirait un bon résultat, mais il ne faut pas y songer, puisque le privilége de la Banque de France empêchera pendant trente ans encore l'État de créer une monnaie fiduciaire quelconque. Voyons : est-ce sérieusement que l'on parle ainsi ?

Le principe d'expropriation pour cause d'utilité publique n'est-il pas applicable au privilége de la Banque de France, et l'État ne peut-il point lui reprendre, moyennant indemnité, s'il le faut, une partie de ce privilége ?

Puis, quel rapport auront les opérations de la Banque nationale, faisant des prêts moyennant constitution de rentes établies sur la propriété immobilière, et les opérations de la Banque de France, faisant l'escompte du papier de commerce ?

Malgré la création de la Banque nationale, la Banque de France pourra continuer toutes ses opérations, car la Banque nationale ne lui fera même pas concurrence.

La prospérité du pays, qui sera la conséquence de l'institution nouvelle, en rendant les entreprises industrielles et commerciales plus nombreuses et moins aléatoires, sera un bienfait pour la Banque de France. Elle en profitera plus qu'elle ne profite aujourd'hui des crises financières.

Laissant de côté l'objection, je dis aux actionnaires de la Banque de France : Renoncez à ce qu'on a appelé votre plus mauvais client, l'État ; consentez à une nouvelle nuit du 4 août en abandonnant volontairement et sans expropriation ce que votre privilége a d'injuste et d'exorbitant. Vous prouverez ainsi à vos détracteurs que l'intérêt public est votre plus puissant mobile, et vous améliorerez votre position en la rendant conforme à l'équité et partant inattaquable.

Après ma réponse aux objections, voici quelques comparaisons qui feront comprendre les avantages et l'équité du système financier que je propose.

Premier exemple.

L'État est comme un nu-propriétaire qui avait un train de maison en rapport avec sa fortune, mais qui, n'ayant aucun revenu, ne payait jamais ses fournisseurs.

Aujourd'hui il entre en possession de l'usufruit qu'on lui retenait injustement, tous ses embarras antérieurs cessent sans préjudice pour personne.

Deuxième exemple.

L'État est débiteur d'une rente qu'il sert de ses deniers, mais il gagne un procès et rentre dans la propriété d'une autre rente de pareille somme, qui lui appartenait incontestablement.

Par le seul fait du gain de ce procès, le voilà libéré de sa dette, soit que ses créanciers touchent directement la rente des mains des débiteurs de l'État, ou que le payement continue d'être fait par l'intermédiaire de l'État. Or, la dette de l'État c'est le patrimoine des travailleurs, comme je l'ai établi ; la création de la Banque nationale, c'est le gain du procès de ces derniers.

Troisième exemple.

L'État était jusqu'à ce jour un négociant faisant

perpétuellement faillite, parce qu'il laissait son capital complétement improductif.

Aujourd'hui il devient commanditaire au moyen de ce même capital, et il balance ses pertes par les bénéfices de la commandite.

Quatrième exemple.

L'État était comme un joueur sans le sou, laissant les autres joueurs se répartir ses pertes. Aujourd'hui, au lieu de jouer sérieusement, il ne jouera plus qu'avec des jetons.

Il ne sera donc plus comme par le passé une cause de perte pour les autres joueurs. Or, par le fait, il était indifférent à ce joueur de jouer avec de l'argent ou avec des jetons, puisque, ne devant jamais se retirer de la partie, il ne pouvait jamais gagner, qu'il jouât sérieusement ou non.

Cinquième exemple.

L'État est comme une grande usine où tous les produits ou bénéfices étaient répartis entre les ouvriers, les commanditaires et les actionnaires, sans tenir compte des frais généraux, et où, pour faire face à ces frais généraux, on demandait après coup à chacun des travailleurs, actionnaires ou créanciers, une partie soit de son capital, soit de son revenu, soit de son salaire, sous le nom d'impôt.

Aujourd'hui, on convient de créer au profit de l'État des titres de rente dont les intérêts payés exactement comme ceux des titres antérieurs (impôt foncier) serviront à couvrir les frais généraux, de telle sorte qu'il n'y aura plus rien à réclamer à personne.

Je soumets humblement le résultat de mes méditations au jugement de mon pays. Si, comme je l'espère, il résiste à l'épreuve de la discussion, je n'aurai pas travaillé en vain pour le bonheur de la France et de l'humanité.

FIN.

CORBEIL, typ. et stér. de CRÉTÉ.